Mit nur 5 Zutaten

garant

Inhaltsverzeichnis

Vorwort

Sich im Berufsalltag gesund und abwechslungsreich zu ernähren, ist eigentlich gar nicht schwer. Und doch kommt es vor, dass wir es morgens gerade schaffen, einen Kaffee zu trinken, bevor wir aus dem Haus stürzen, weil wir zu spät dran sind oder die Kinder vor der Arbeit noch schnell in den Kindergarten oder zur Schule bringen müssen. Wie gut, dass der Bäcker um die Ecke zahlreiche Snacks und belegte Brötchen fürs Frühstück bereithält. Mittags geht's in die Kantine, oder wenn diese nicht existiert, schnell zum nächsten Imbiss. Das Nachmittagstief versüßen wir uns mit Keksen, Kuchen und Schokolade, und gegen die Müdigkeit sollen viele Tassen Kaffee helfen. Weit gefehlt! Denn nach einer üppigen, schweren Mahlzeit mit viel Zucker oder Fett sinken Arbeitsleistung und Konzentration. Und nicht nur das: Wir fühlen uns ausgelaugt, die Laune fällt in den Keller, Heißhungerattacken stellen sich ein. Wenn endlich Feierabend ist, haben die wenigsten noch Energie, geschweige denn Lust, eine Mahlzeit zu kochen, und schieben irgendein Fertigprodukt in den Ofen – nicht selten üppige Portionen mit viel Fett und Zucker, die den Stoffwechsel belasten. Dabei könnte das Leben so einfach und gesund sein – auch unter der Woche im Büro.

Die Rezepte in diesem Buch helfen Ihnen, fit zu bleiben, im Joballtag und in der Freizeit. Sie schmecken nicht nur lecker, sie halten auch Ihren Energie- und Leistungspegel konstant und sorgen für eine ausgeglichene Stimmung. Und das ohne großen Zeitaufwand und lange Einkaufslisten. Mit nur fünf Zutaten zaubern Sie kulinarische Snacks, Power-Frühstück und sättigende Mittag- und Abendessen auf Ihren Tisch. Die Rezepte in diesem Buch eignen sich auch für einen hektischen Alltag und lassen sich schnell und einfach zubereiten. Für keines stehen Sie mehr als eine halbe Stunde in der Küche, und dank Meal Prepping für die nächsten Tage geht es zumeist noch schneller von der Hand. Fit zur Arbeit, leistungsfähig durch den Tag und abends etwas Leckeres kochen? Von jetzt an ein pures Vergnügen!

Einleitung

So einfach und so gesund. Das Konzept dieses Buches ist schnell erklärt: Jedes Gericht besteht aus maximal fünf Hauptzutaten, die frisch eingekauft werden müssen. Zusätzlich gibt es „Nebenzutaten“ wie Gewürze, Kräuter, Öl, Essig usw. Diese Basics hat man zu Hause – oder sollte sie zumindest haben. Da man sie für die allermeisten Rezepte benötigt, kann eine Bevorratung nicht schaden. Darüber hinaus ist es sinnvoll, sich mit elementaren Lebensmitteln bzw. Grundnahrungsmitteln auszustatten. Sie sind die Must-haves, aus denen sich immer wieder etwas zubereiten lässt – zum Mitnehmen für den nächsten Tag oder für den verdienten Feierabend. Dazu gehören Trockenzutaten genauso wie Tiefkühlprodukte.

Zeit sparen mit Convenience-Produkten

Wenn man müde und hungrig ist, ist es fast unmöglich, Kreatives zu leisten.
Man möchte einfach nur etwas essen, rasch und ohne viel Vorbereitung. Zum Erfolgsrezept für eine schnelle Küche mit wenigen Zutaten gehören neben einem entsprechenden Vorratsdepot auch Convenience-Produkte, die es heutzutage in konventioneller und in Bio-Qualität gibt. Es lohnt sich, einiges davon parat zu haben. Denn das spart zusätzlich Zeit. Konserven oder TK-Kost sind bereits verzehrfertig und müssen nur noch erwärmt oder mit Beilagen bzw. anderen Zutaten ergänzt werden.
Damit das Kochen schnell von der Hand geht, greifen Sie bei Hülsenfrüchten auf Konserven zurück. Sie müssen diese nur mit kaltem Wasser abspülen und kurz in einem Sieb abtropfen lassen. Schon können sie weiterverwendet werden. Gleiches

gilt für geschälte und stückige Tomaten. Sparen Sie sich die Mühe, Tomaten selbst zu häuten und zu zerkleinern.
Gemüse und Salate putzen, waschen und klein schneiden? Auch wenn frische Produkte die erste Wahl sein sollten, bei einigen Sorten kann das zeitaufwendig sein. TK-Gemüse ist bereits fix und fertig und muss nur noch mit Fleisch oder Fisch kombiniert oder anderweitig verarbeitet werden. Gleiches gilt für Obst – tiefgefroren oder aus der Konserve.
Fisch zu häuten und zu filetieren nimmt viel Zeit in Anspruch, insbesondere, wenn man darin kein Profi ist. In gut bestückten TK-Abteilungen findet man die beliebtesten Sorten bereits verzehrfertig aufbereitet. Ähnlich sieht es beim Fleisch aus. Bei vielen Varianten, etwa beim Geschnetzelten, nimmt man Ihnen gern die Arbeit ab. Sowohl Fleischtheken als auch abgepackte Ware halten Geschnetzeltes, Spieße und andere vorbereitete Fleischprodukte bereit.

Wer es lieber frisch mag …

Wenn Sie nicht auf Convenience-Produkte zurückgreifen wollen, achten Sie beim Kauf von Salat, Gemüse und Obst darauf, dass sie besonders frisch sind. So können Sie auch frische Zutaten länger im Kühlschrank lagern und haben einen praktischen Vorrat. Frische erkennen Sie an folgenden Merkmalen: Das Fruchtfleisch von Gemüse und Obst ist fest, es gibt auf Fingerdruck nicht nach bzw. es klingt nicht hohl. Bei Blattsalaten sind die Blätter fest und saftig, sie hängen nicht schlaff herunter. Wichtig sind auch die Anschnittstellen. Sie sollen noch feucht sein, das heißt, dass das Gemüse bzw. der Salat am selben Tag geerntet wurde. Außerdem sollte Gemüse bzw. Salat keine braunen Stellen oder Flecken aufweisen, ursprünglich grünes Gemüse, wie etwa Brokkoli, nicht schon gelb sein. Bei manchen Gemüsesorten empfiehlt es sich, kleinere Exemplare den größeren vorzuziehen, z. B. bei Zucchini. Die großen haben oft ein faseriges, fad schmeckendes Fruchtfleisch. Bei verschiedenen Obstsorten wie Melone und Ananas lohnt es sich, daran zu schnuppern. Wenn sie aromatisch duften, sind sie reif.

Must-haves für den Vorratsschrank

Für die schnelle 5-Zutaten-Küche ist ein gut sortierter Vorratsschrank Pflicht. So spart man sich das lästige Einkaufen nach Feierabend und kann auch in stressigen Momenten schnell ein gesundes und leckeres Gericht auf den Tisch zaubern. Deshalb ist es sehr zu empfehlen, einige Zutaten als Vorrat anzulegen. Es empfiehlt sich außerdem, seinen Vorratsschrank von Zeit zu Zeit zu überprüfen und mit den wichtigsten Basics wieder aufzufüllen. Damit sich die Vorräte lange halten, sollte der Lagerplatz trocken, nicht zu warm und lichtgeschützt sein.
Die folgende Liste dient als Anregung und kann natürlich ganz nach dem persönlichen Geschmack erweitert werden.

Must-haves für die 5-Zutaten-Küche

- Gewürze (z. B. Pfeffer, Paprikapulver, Currypulver, Kreuzkümmel, Knoblauchpulver, Garam Masala, Kurkuma)
- getrocknete, frische und TK-Kräuter (z. B. Petersilie, Schnittlauch, Basilikum, Rosmarin, Oregano, Thymian)
- Würzsoßen- und pasten (z. B. Tomatenmark, Senf, rote Currypaste, Sojasoße, Worcestersoße)
- TK-Gemüse (z. B. Blatt- und Rahmspinat, Brokkoli, Blumenkohl, Erbsen, Bohnen)
- TK-Früchte (z. B. Mango, Himbeeren, Blaubeeren, Erdbeeren)
- Getreide und Pseudogetreide (z. B. Haferflocken, Reis, Pasta, Couscous, Bulgur, Quinoa)
- Hülsenfrüchte, getrocknet oder aus der Dose (z. B. Kidneybohnen, Kichererbsen, Linsen)
- Gemüse-Konserven (z. B. passierte Tomaten, Mais, Oliven, Gewürzgurken)
- verschiedene Essig- und Ölsorten (z. B. Apfelessig, Balsamico, Olivenöl, Rapsöl)
- verschiedene Samen, Nüsse und Kerne (z. B. Chiasamen, Sesam, Kürbiskerne, Haselnüsse, Mandeln)

Was gibt es zu bedenken?

Stress am Arbeitsplatz und ein voller Terminkalender? Egal, ob Sie körperlich oder geistig aktiv sind, Sie brauchen eine ausgewogene, gesunde Ernährung, um genügend Energie für den Tag zu haben. Wenn Ihnen die Mahlzeiten in Kantine oder Imbiss so langsam auf den Magen und die Stimmung schlagen, ist es Zeit für eine Kurskorrektur. Keine Sorge, die Umstellung geht Ihnen mit unseren Rezepten leicht von der Hand und bringt sogar richtig Spaß, weil Sie sich damit rundum wohl und fit fühlen.

Machen Sie zunächst eine Bestandsaufnahme und fragen Sie sich, was Sie erreichen möchten. Bekommen Sie früh am Morgen nur einen Kaffee herunter? Dann ist es Ihnen wichtig, ein nahrhaftes Frühstück und gesunde Snacks mit zur Arbeit zu nehmen. Oder möchten Sie Essen für mittags vorbereiten, weil es bei Ihnen keine Kantine gibt oder das Essen einfach zu schwer ist? Nehmen Sie sich Zeit für die Planung – an einem verregneten Sonntagnachmittag eine ideale Beschäftigung. Suchen Sie sich die entsprechenden Rezepte aus, die Ihnen zusagen, und schreiben Sie eine Einkaufsliste, um möglichst zeitsparend alles bei einem Einkauf zu erledigen.
Nehmen Sie sich außerdem nicht zu viel für den Anfang vor. Überlegen Sie, was Sie in den kommenden fünf Tagen essen möchten, und bereiten Sie die Mahlzeiten zum Mitnehmen zu. Vieles können Sie Tage zuvor vorbereiten, selbst Salate. Im Kühlschrank warten sie dann auf ihren Einsatz, ohne schlecht zu werden. Wählen Sie die Rezepte aus, die sich optimal in Ihren Zeitplan einfügen. Darüber hinaus gibt es viele gesunde Snacks, die keine Mühe machen und nicht vor- bzw. zubereitet werden müssen: Äpfel und Bananen, Knäcke- und Vollkornbrot, Kräuterquark, Frischkäse, gekochte Eier, Nüsse, Joghurt oder Müsli bringen schnell Energie zurück, ohne den Magen zu belasten. Die Feierabendgerichte sollten Sie für mehrere Tage im Voraus festlegen, um nur einmal wöchentlich die Zutaten besorgen zu müssen.

Mit guter Planung durch den Tag

Vielleicht machen Sie sich mit Partner oder Partnerin und Kindern einen Spaß daraus und stellen gemeinsam einen Wochenplan zusammen. So kann jeder sein Lieblingsrezept aus dem Buch heraussuchen und seine persönlichen Vorlieben einbringen. Auch die Shoppingtour gerät dann weniger hektisch. Wer gut organisiert ist, planvoll einkauft und sich einen guten Vorrat an Zutaten anlegt, kann sich ohne große Mühe für die Woche etwas Leckeres zubereiten und sich die aufwendigeren Gerichte fürs Wochenende aufsparen. Mit etwas Planung und Voraussicht ist also eine ausgewogene und gesunde Ernährung auch bei einem stressigen Berufsalltag durchaus machbar. Hierbei gibt es für Frühstück, Mittag- und Abendessen hilfreiche Tipps und Tricks, um mit wenig Aufwand tolle Gerichte in den Arbeitsalltag zu integrieren.

Wenn's morgens schnell gehen muss

Nach dem Aufstehen ist oft kaum Zeit für ein ausgewogenes Frühstück. Wer jedoch Müsli und Porridge liebt, kann auf die trendigen Overnight Oats (siehe S. 20 und S. 28) zurückgreifen. Hier werden die Haferflocken am Vorabend mit Milch bzw. Pflanzenmilch vermischt und quellen über Nacht im Kühlschrank auf. Am Morgen kann man dann seine fertigen Overnight Oats mit einem Topping und Obst nach Wahl sofort genießen. Oder man füllt die Overnight Oats gleich in praktische gut verschließbare Einmachgläser, die – ruckzuck mitgenommen – in der Frühstückspause in der Arbeit zum Einsatz kommen.
Die Vorbereitung von Mahlzeiten, auch als Meal Prep bekannt, ist der beste Weg, um sich schnell und unkompliziert mit leckeren Gerichten fürs Büro zu versorgen. Egal, ob Overnight Oats mit Joghurt und Früchten, das gute alte Pausenbrot, das Sie sich am Abend zuvor zubereitet haben, oder feine Frühstücksmuffins (siehe S. 30 und S. 38), die Sie gleich für die ganze Familie in den Ofen schieben können: Meal Prepping macht Sie unabhängig von dem, was beispielsweise in der Cafeteria oder in der Kantine angeboten wird. Zudem sparen Sie Geld, denn beim Bäcker sind belegte Brötchen und Gebäck ungleich teurer als das, was Sie für Ihr hausgemachtes Frühstück ausgeben müssen. Vielleicht haben Sie auch Appetit auf einen herzhaften Wrap oder ein saftiges Sandwich? Blättern Sie sich durch das vorliegende Buch und kreuzen Sie sich Ihre Favoriten an. Dann können Sie beim nächsten Einkauf gleich die Basics besorgen und haben alles parat. Ein Fitnessfrühstück zum Mitnehmen ist dann superschnell gemacht. Sandwiches, Wraps und Vollkornbrot lassen sich unterschiedlich belegen bzw. füllen. Variieren Sie einfach die vorliegenden Rezepte nach Ihrem Gusto.

Mittagessen to go

Zu schweres Essen im Büroalltag macht müde, das weiß jeder. Wenn Sie das Mittagstief umgehen möchten, bietet sich leichte Kost an, die den Stoffwechsel nicht belastet. Wer die Möglichkeit hat, eine Mikrowelle zu benutzen, kann sich von zu Hause die Reste vom Abendessen mitbringen. Quesadillas, herzhafte Muffins,

ein Stück Lauchkuchen oder Reste der One-Pot-Pasta lassen sich gut aufwärmen. Und natürlich auch Suppen und Eintöpfe. Immer beliebter werden Salate für den Lunch wie z. B. der Nudel-Kichererbsen-Salat (siehe S. 98) oder Pasta-Salat mit Salami (siehe S. 90). Sie sättigen und bringen neue Power. Das Gute daran: Sie lassen sich optimal bis zu fünf Tage im Voraus vorbereiten. Praktisch für den Transport sind Einmachgläser, die sich mit einem Schraubdeckel verschließen lassen. Dort hinein schichtet man den Salat und bewahrt ihn bis zum Verzehr im Kühlschrank auf. Salat bleibt frisch, wenn er getrennt vom Dressing in einem luftdichten Behälter mitgenommen wird. Sie können das Dressing aber auch mit zum Salat geben, dann müssen Sie das Ganze nur noch schütteln und schon können Sie genießen.

Damit der Salat knackig bleibt und nicht durchweicht, sollten Sie bei der Schichtung der Zutaten auf die richtige Reihenfolge achten. Dafür gibt es folgende

Faustregel: Schwere Zutaten wie etwa Hülsenfrüchte, Kartoffeln oder Nudeln gehören nach unten, empfindliche wie etwa Blattsalat nach oben. Jede Zutat hat ihren eigenen Platz:
Erste Schicht: Marinade, Dressing oder Soße
Zweite Schicht: schwere Zutaten wie Avocados, Cocktailtomaten, Gurken, Hülsenfrüchte, Kartoffeln, Möhren und Nudeln
Dritte Schicht: leichte Zutaten wie Couscous, Quinoa, Erbsen, Tomaten und Zwiebeln
Vierte Schicht: Toppings wie z. B. Nüsse, Sprossen, Kräuter und Salatblätter
Wichtig ist, dass das Glas die ganze Zeit aufrecht steht, damit das Dressing sich nicht mit den anderen Zutaten vermischen kann.

Neben den praktischen Einmachgläsern, die übrigens auch ideal für Suppen und Eintöpfe sind, gibt es im Handel auch eine riesige Auswahl an hübschen Lunchboxen. Sie sind meist in Fächer unterteilt, sodass einzelne Bestandteile des Mittagessens wie Salat, Obststücke oder Eintopf sauber getrennt voneinander transportiert werden können. Aber auch die klassische Tupperware, die so gut wie jeder Haushalt besitzt, eignet sich für die Lagerung und den Transport des Mittagessens.

Endlich Feierabend!

Nach einem langen Arbeitstag sollte der Feierabend zur Erholung und Entspannung dienen. Jetzt ist die schnelle Küche gefragt, um mehr Zeit für sich, Freunde, Familie und Hobbys zu haben. Gesund soll sie trotzdem sein, damit der Körper alles bekommt, was er braucht. Gab es mittags einen Salat, sollte es am Abend etwas Warmes sein. Kein Problem mit den 5-Zutaten-Rezepten. Mit ein paar Handgriffen und den richtigen Zutaten ist ein leckeres warmes Abendessen wie Lauchkuchen (siehe S. 106), Asia-Nudeln (siehe S. 112) oder One-Pot-Pasta (siehe S. 108) im Handumdrehen auf dem Tisch. Gerade One-Pot-Gerichte sind eine echte Zeitersparnis, denn hier werden Nudeln, Reis oder Couscous mit allen übrigen Zutaten in einen Topf gegeben und dürfen dann in ausreichend Flüssigkeit – sei es Brühe oder Tomatensoße – garen. So spart man nicht nur Zeit, sondern verwendet auch viel weniger Kochgeschirr, das dann auch nicht gespült werden muss. Auch Ofengerichte wie Croque Monsieur (siehe S. 120), Zucchini-Feta-Kuchen (siehe S. 122) oder Spinat-Strudel (siehe S. 114) eignen sich perfekt für den Feierabend, denn hier leistet der Ofen die meiste Arbeit, während man in der Zwischenzeit die Füße hochlegen kann.

Die Rezepte in diesem Buch sind für zwei oder vier Portionen ausgelegt, sodass die Familie mitessen kann oder Sie gleich etwas für den nächsten Abend parat haben. Und wenn Sie gerade mal in Kochlaune sind, können Sie einiges vorkochen und einfrieren. Dann geht es beim nächsten Mal noch schneller. Pastasoßen lassen sich ebenso gut einfrieren wie vorgeschnittenes Gemüse, gehackte Kräuter, gegarter Fisch oder Fleisch. Viele Lebensmittel können überdies gekocht einige Tage im Kühlschrank aufbewahrt werden. Pellkartoffeln halten sich gekühlt drei bis vier, Nudeln und Reis etwa zwei Tage. So sparen Sie zusätzlich Zeit. Zeit, die Sie anderweitig verbringen können.

Füße hochlegen und entspannen

Jetzt wünschen Sie sich nur noch, den Abend gemütlich ausklingen zu lassen. Für viele gehört dazu ein süßes Dessert oder etwas zum Knabbern. Im vorliegenden Buch finden Sie eine Auswahl von Rezepten, die aus fünf Zutaten oder weniger zubereitet genau dieses tun.
Ob eine Schokocreme (siehe S. 146), Zimt-Äpfel aus dem Ofen (siehe S. 152), Milchreis aus Couscous (siehe S. 154) oder ein schneller Tassenkuchen (siehe S. 156), um nur einige Beispiele zu nennen. Es lohnt sich, gleich die doppelte Portion zuzubereiten, dann haben Sie Reserve für den nächsten Abend oder etwas Leckeres, das Sie mit ins Büro nehmen können. Auch Power-Cookies mit Rosinen und Bananen (siehe S. 60) machen glücklich und sind zudem ein idealer Snack für tagsüber, wenn Sie ein Hungergefühl plagt.
Ihnen steht der Sinn eher nach einem herzhaften Snack? Wie wäre es mit selbst gemachten Süßkartoffelchips (siehe S. 58) oder Parmesan-Rosmarin-Popcorn (siehe S. 68) für den Fernsehabend? Im Vergleich zu anderen Knabbereien liefern sie weniger Kalorien und machen schneller satt als z. B. fettige Kartoffelchips oder Fertig-Popcorn aus dem Supermarkt. Wissenschaftler wollen übrigens herausgefunden haben, dass Popcorn weitaus mehr Antioxidantien liefert als frisches Obst. Jetzt haben all diejenigen, die Bananen, Äpfel und Co. nicht so gern mögen, das richtige Argument bei der Hand.

Gutes Gelingen!

Wie heißt es so schön: Zeit ist Geld! Wir leben in einer hektischen Zeit, in der alles schnell gehen muss – auch die Zubereitung unserer Mahlzeiten. Als Berufstätiger hat man nicht immer Zeit und vor allem Lust, nach einem anstrengenden Arbeitstag noch groß einzukaufen und dann ein vorbereitungs- und zeitaufwendiges Menü zu kreieren. Die Lösung kann aber auch nicht Fastfood heißen! Regelmäßig Pommes, Burger oder Gyros setzen sich nicht nur an den Hüften fest, sie lassen unseren Körper im wahrsten Sinne des Wortes „verhungern“: Denn Vitamine, Mineralstoffe und Co. sucht man hier meist vergebens. Sehr viel besser sind da blitzschnell kreierte Gerichte, für die Sie nur fünf Zutaten benötigen, die aber dennoch wichtige Nährstoffe enthalten. Gut, dass es die 5-Zutaten-Küche gibt, die den stressigen Anforderungen unseres modernen Alltags entgegenkommt. Viel Spaß beim Entdecken und Genießen!

Frühstück für daheim und to go

Overnight Oats
mit Banane und Mandeln

Zutaten für 1 Portion

50 g Haferflocken

10 g Chiasamen

100 ml Milch

1 Banane

2 EL Mandeln

Pro Portion: ca. 472 kcal, 16 g EW, 16 g F, 59 g KH
Zubereitung: ca. 10 Min. + Ruhezeit ca. 12 Std.

1. Haferflocken in eine Schüssel geben und mit Chiasamen vermischen, Milch dazugießen und abgedeckt über Nacht in den Kühlschrank stellen.

2. Banane in Scheiben schneiden. Mandeln grob hacken. Bananenscheiben und Mandeln auf die Overnight Oats geben und servieren.

— Overnight Oats sind sehr praktisch, wenn es frühmorgens vor allem schnell gehen soll. Einfach am Vorabend Haferflocken und Milch zusammenrühren und im Kühlschrank ziehen lassen und am nächsten Morgen ist das gesunde Frühstück so gut wie fertig.

Quark-Kokos-Frühstück

mit Erdbeeren

Zutaten für 1 Portion

100 g Erdbeeren

20 g Kokosraspel

20 g Haferflocken

125 g Quark

20 g Honig

Pro Portion: ca. 478 kcal, 19 g EW, 29 g F, 37 g KH
Zubereitung: ca. 15 Min.

1. Erdbeeren waschen, putzen, trocken tupfen und vierteln. Kokosraspel und Haferflocken in einer Pfanne ohne Fettzugabe anrösten. Quark mit Honig vermischen.

2. Kokosraspel, Haferflocken und Erdbeeren mit der Quarkmischung in ein sterilisiertes Einmachglas schichten und bis zum Verzehr kalt stellen.

Apfel-Bananen-Smoothie

Zutaten für 1 Portion

1 Banane

1 Apfel

100 ml Mandelmilch

½ TL Zimt und etwas Zimt zum Bestäuben

Pro Portion: ca. 203 kcal, 2 g EW, 1 g F, 45 g KH
Zubereitung: ca. 5 Min.

1. Banane schälen und klein schneiden. Apfel waschen, halbieren, Kerngehäuse entfernen und Fruchtfleisch klein würfeln.

2. Alle Zutaten in einen Mixer geben und gut pürieren. In ein Einmachglas oder Glas füllen und mit Zimt bestäuben. Vor dem Genießen kühl stellen.

Für einen Apfel-Bananen-Schoko-Smoothie einfach den Zimt durch 1 Teelöffel Kakaopulver ersetzen.

Herzhaftes Porridge
mit Spinat und Pilzen

Zutaten für 1 Portion

1 kleine Zwiebel

1 Handvoll Champignons

1 Handvoll Spinatblätter

50 g Haferflocken

1 Ei

außerdem:
Salz, frisch gemahlener Pfeffer, Cayennepfeffer, 2 EL Öl

Pro Portion: ca. 531 kcal, 16 g EW, 36 g F, 33 g KH
Zubereitung: ca. 15 Min.

1. Zwiebel schälen und fein würfeln. Champignons putzen und in Scheiben schneiden. Spinatblätter waschen und trocken schütteln. 1 Esslöffel Öl erhitzen und die Zwiebel darin anschwitzen. Haferflocken und 250 Milliliter Wasser zugeben, unter gelegentlichem Rühren 3 Minuten köcheln lassen. Mit Salz und Pfeffer abschmecken. Zwei Drittel der Spinatblätter unterrühren.

2. Restliches Öl erhitzen, Pilze einige Minuten bräunen und herausnehmen. Ei zu einem Spiegelei braten. Porridge auf einem Teller oder einer Schale anrichten, Pilze und Spiegelei daraufgeben und mit restlichen Spinatblättern und Cayennepfeffer bestreut servieren.

Kokos-Overnight-Oats

mit Himbeeren

Zutaten für 1 Portion

1 kleine Banane

30 g Koskosraspel

50 g Haferflocken

175 ml Kokos-Reis-Drink

50 g Himbeeren

außerdem:
etwas Zucker nach Belieben

Pro Portion: ca. 575 kcal, 11 g EW, 24 g F, 70 g KH
Zubereitung: ca. 15 Min. + Ruhezeit ca. 12 Std.

1. Banane schälen und in Scheiben schneiden. Die Hälfte der Kokosraspel mit Haferflocken und Kokosmilch in ein Einmachglas geben und umrühren. Nach Belieben mit etwas Zucker süßen.

2. Bananenscheiben und Himbeeren darauflegen. Einmachglas verschließen und über Nacht in den Kühlschrank stellen. Mit restlichen Kokosraspeln bestreut servieren.

— Statt Himbeeren können Sie auch anderes, klein geschnittenes Obst oder andere Beerenfrüchte verwenden wie z. B. Erdbeeren, Äpfel oder Orangen.

Süße
Frühstücksmuffins

Zutaten für ca. 6 Stück

300 g reife Bananen

75 g Haferflocken und
ein paar Haferflocken
zum Bestreuen

1 Ei

50 g Blaubeeren und
einige Beeren zum Garnieren

außerdem:
1 TL Backpulver

Pro Stück: ca. 119 kcal, 4 g EW, 2 g F, 20 g KH
Zubereitung: ca. 10 Min. + Backzeit ca. 17 Min.

1. Backofen auf 220 °C (Umluft 200 °C) vorheizen. Bananen schälen und mit einer Gabel zu einem Mus zerdrücken. Haferflocken, Ei und Backpulver zugeben und Zutaten gut miteinander vermischen. Zum Schluss Blaubeeren vorsichtig unterheben.

2. Teig in die mit Papierförmchen ausgelegten Mulden einer Muffinform geben und jeweils mit ein paar Haferflocken bestreuen. Muffins im vorgeheizten Backofen ca. 5 Minuten backen. Backofentemperatur auf 190 °C (Umluft 170 °C) reduzieren und Muffins in weiteren ca. 12 Minuten fertigbacken. Mit Blaubeeren garniert servieren.

Blaubeer-Smoothie

Zutaten für 2 Portionen

200 g Blaubeeren

2 EL Honig

100 g Joghurt

300 ml Milch

Pro Portion: ca. 197 kcal, 8 g EW, 5 g F, 26 g KH
Zubereitung: ca. 5 Min.

1. Blaubeeren waschen, verlesen und trocken tupfen. Blaubeeren, Honig, Joghurt und Milch und in den Mixer geben und fein pürieren. Sofort genießen oder in Einmachgläser füllen und bis zum Servieren kalt stellen.

Nach diesem Grundrezept lassen sich die unterschiedlichsten Beeren-Smoothies zubereiten. Probieren Sie doch auch einmal einen Erdbeer-, Brombeer- oder Himbeer-Smoothie. Hierfür einfach die Blaubeeren durch die gewünschten Beeren ersetzen.

Klassisches Porridge
mit Zimt

Zutaten für 2 Portionen

1 EL Butter

100 g Haferflocken

300 ml Milch

½ TL Zimt und etwas Zimt zum Bestreuen

1 Apfel

außerdem:
Zucker nach Belieben

Pro Portion: ca. 392 kcal, 12 g EW, 17 g F, 46 g KH
Zubereitung: ca. 20 Min.

1. Butter in einem Topf erhitzen und Haferflocken und Milch zugeben. Flüssigkeit ca. 10 Minuten unter ständigem Rühren einreduzieren lassen. Vom Herd nehmen und Zimt unterrühren. Nach Belieben mit Zucker süßen.

2. Apfel waschen, putzen und in Scheiben oder Stücke schneiden. Porridge in Schüsseln füllen und mit etwas Zimt bestreuen. Mit Apfelscheiben oder -stücken toppen und servieren.

— Wer sein Porridge aufpeppen möchte, kann mit verschiedenen Gewürzen experimentieren. Neben dem klassischen Zimt passen auch Vanille, Kardamom oder Sternanis.

Joghurt
mit Granola und Beeren

Zutaten für 1 Portion

150 g griechischer Joghurt

1 EL Honig

50 g Erdbeeren

50 g Blaubeeren

6 EL Granola

Pro Portion: ca. 518 kcal, 11 g EW, 24 g F, 59 g KH
Zubereitung: ca. 15 Min.

1. Joghurt in eine Schüssel geben und mit Honig verrühren. Erdbeeren und Blaubeeren waschen und trocken tupfen. Erdbeeren putzen und nach Belieben halbieren oder vierteln. Granola und Beeren auf dem Joghurt verteilen und servieren.

— Granola, auch als Knuspermüsli bekannt, gibt es in den meisten Supermärkten schon fertig zu kaufen. Noch besser schmeckt aber selbst zubereitetes Granola wie z. B. nach dem Rezept auf S. 46.

Frühstücksmuffins
mit Schinken und Käse

Zutaten für 6 Stück

1 kleine Zwiebel

1 Tomate

2 Scheiben Kochschinken

30 g geriebener Emmentaler

6 Eier

außerdem:
Salz, frisch gemahlener Pfeffer, Fett für die Form

Pro Stück: ca. 126 kcal, 9 g EW, 9 g F, 2 g KH
Zubereitung: ca. 15 Min. + Backzeit ca. 20 Min.

1. Backofen auf 200 °C (Umluft 180 °C) vorheizen. Zwiebel schälen und fein hacken. Tomate waschen, trocken tupfen und würfeln. Kochschinken fein würfeln. Eier aufschlagen und gut verquirlen, mit Salz und Pfeffer würzen. Zwiebel, Tomate und Schinken zugeben und verrühren.

2. Sechs Mulden einer Muffinform fetten und Eiermasse in jede Vertiefung gießen. Muffins im vorgeheizten Backofen ca. 15–20 Minuten backen.

Nach Belieben können Sie die Frühstücksmuffins mit klein geschnittenem Frühlingszwiebelgrün garniert servieren.

Vanille-Porridge
mit Himbeeren

Zutaten für 2 Portionen

100 ml Milch

100 g feine Haferflocken

1 Vanilleschote

2 TL Honig

100 g Himbeeren

Pro Portion: ca. 255 kcal, 9 g EW, 5 g F, 38 g KH
Zubereitung: ca. 20 Min.

1. Milch und 200 Milliliter Wasser in einem Topf aufkochen. Vom Herd nehmen und Haferflocken einrühren. Vanilleschote aufschneiden und Mark herauskratzen. Porridge mit Vanille, Zimt und Honig abschmecken und ca. 10 Minuten bei geschlossenem Deckel quellen lassen.

2. Himbeeren waschen und verlesen. Porridge vorsichtig mit den Beeren verrühren und in ein Einmachglas oder eine Schüssel füllen. Entweder kalt stellen oder gleich genießen.

Wer möchte, kann sein Porridge noch mit gesunden Samen und Kernen wie z. B. Chiasamen und Sonnenblumenkernen toppen.

Frühstücks-Wrap

Zutaten für 4 Portionen

1 grüne Paprikaschote

1 rote Paprikaschote

4 Eier

4 Weizentortillas

4 EL geriebener Käse

außerdem:
Salz, frisch gemahlener Pfeffer,
1 EL Öl

Pro Portion: ca. 364 kcal, 15 g EW, 15 g F, 40 g KH
Zubereitung: ca. 15 Min.

1. Paprika putzen, waschen und trocken tupfen. Paprika in Würfel oder feine Streifen schneiden. Eier aufschlagen und gut verquirlen, mit Salz und Pfeffer würzen. Öl erhitzen, Eiermasse zugeben und bei mittlerer Hitze zu einem Rührei stocken lassen.

2. Tortilla in einer Pfanne ohne Fettzugabe von beiden Seiten kurz erhitzen. Auf eine Arbeitsfläche legen, jeweils mit 1 Esslöffel Käse bestreuen und jeweils mit Rührei und Paprikawürfeln belegen. Tortillas aufrollen, halbieren und genießen.

Avocado-Spiegelei-Brot

Zutaten für 4 Portionen

1 Avocado

1 Zitrone

4 Scheiben Vollkornbrot

4 Eier

außerdem:
Salz, frisch gemahlener Pfeffer, 1 EL Öl

Pro Portion: ca. 333 kcal, 11 g EW, 21 g F, 20 g KH
Zubereitung: ca. 15 Min.

1. Fruchtfleisch der Avocado rundherum bis zum Stein einschneiden, Avocado halbieren und entsteinen. Avocado schälen, in Stücke schneiden und zerdrücken. Zitrone halbieren und Saft auspressen. Avocadopüree mit Zitronensaft, Salz und Pfeffer abschmecken.

2. Brotscheiben jeweils mit Avocadopüree bestreichen. Öl erhitzen, Eier aufschlagen und zu Spiegeleiern braten. Spiegeleier auf die Brote legen und mit Salz und Pfeffer würzen. Sofort servieren.

— Alternativ zum Spiegelei Rührei aufs Brot geben oder ein pochiertes Ei. Zusätzlich nach Belieben mit frischen Kräutern und Sesam garnieren.

Granola

Zutaten für ca. 350 Gramm

75 g Nussmischung

300 g Haferflocken

100 ml flüssiger Honig

80 ml Kokosöl

50 g Rosinen

außerdem:
etwas Zimt nach Belieben

Pro Portion (ca. 35 g): ca. 271 kcal, 5 g EW, 13 g F, 30 g KH
Zubereitung: ca. 10 Min. + Backzeit ca. 15 Min.

1. Backofen auf 175 °C (Umluft nicht empfehlenswert) vorheizen. Nüsse grob hacken und mit Haferflocken auf ein mit Backpapier belegtes Backblech geben und gut mischen. Honig und Kokosöl untermischen und die Zutaten gut auf dem Backblech ausbreiten. Nach Belieben etwas Zimt darüberstreuen. Im vorgeheizten Backofen ca. 15 Minuten rösten.

2. Granola aus dem Ofen nehmen und abkühlen lassen. Rosinen untermischen. Granola hält sich in luftdicht verschlossenen Gefäßen ca. 2–3 Wochen.

Granola je nach Belieben auf Joghurt streuen oder mit Milch genießen.

Avodaco-Kiwi-Smoothie

Zutaten für 3 Portionen

2 Kiwis

1 Avocado

1 Apfel

300 g grüne Weintrauben

Pro Portion: ca. 276 kcal, 3 g EW, 16 g F, 27 g KH
Zubereitung: ca. 10 Min.

1. Kiwis, Avocado und Apfel schälen. Kiwis halbieren. Avocado und Apfel entkernen und klein schneiden. Weintrauben waschen und trocken tupfen.

2. Kiwi, Avocado und Apfel zusammen mit den Trauben und 150 Millilitern Wasser in den Mixer geben und pürieren. Je nach gewünschter Konsistenz noch mehr Wasser zugeben und weiterpürieren. In Gläser füllen und bis zum Servieren kalt stellen.

Snacks für den kleinen Hunger

Bananen-Aprikosen-Kugeln

Zutaten für ca. 16 Stück

1 kleine reife Banane

1 kleines Stück Ingwer

100 g getrocknete Aprikosen

100 g Cashewkerne

50 g Haferflocken

Pro Stück: ca. 66 kcal, 2 g EW, 3 g F, 8 g KH
Zubereitung: ca. 10 Min. + Backzeit ca. 12 Min.

1. Backofen auf 150 °C (Umluft 130 °C) vorheizen. Banane schälen und in Stücke schneiden. Ingwer schälen und würfeln. Banane, Ingwer und Aprikosen in einen Mixer geben und pürieren. Cashewkerne und Haferflocken zugeben und nochmals kurz im Mixer verrühren.

2. Aus der Masse ca. 1,5 Zentimeter große Bällchen formen, ca. 10–12 Minuten im vorgeheizten Backofen backen und auf einem Gitter abkühlen lassen. In Vorratsdosen verpacken.

Die Bananen-Aprikosen-Kugeln schmecken auch ungebacken. Als Variante können Sie sie auch in Kokosraspeln wälzen. Zusätzlich zu den Cashewkernen können Sie auch 1 Teelöffel Chiasamen untermischen.

Müsliriegel
selbst gemacht

Zutaten für ca. 6 Stück

100 g Vollkornmehl

200 g Haferflocken

40 g brauner Zucker

50 g Kernemischung

1 Banane

außerdem:
1 TL Zimt nach Belieben

Pro Stück: ca. 273 kcal, 9 g EW, 6 g F, 42 g KH
Zubereitung: ca. 15 Min. + Backzeit ca. 45 Min.

1. Backofen auf 180 °C (Umluft 160 °C) vorheizen. Mehl mit Haferflocken, Zucker, Zimt und Kernen verkneten. Banane schälen, klein schneiden, zerdrücken und unterheben. Nach und nach so viel Wasser zugeben, bis sich die Masse gut kneten lässt.

2. Masse in eine mit Backpapier ausgelegte Auflaufform geben und im vorgeheizten Backofen ca. 30–45 Minuten backen.

3. Aus dem Ofen nehmen und etwas abkühlen lassen. Mit einem scharfen Messer in Riegel schneiden. Vor dem Verpacken komplett abkühlen lassen.

Salz-Cracker

Zutaten für ca. 50 Stück

1 Knoblauchzehe

125 g Mehl

20 g geriebener Parmesan

25 g Öl

50 g Sahne

außerdem:
¼ TL feines Meersalz und etwas Meersalz zum Bestreuen

Pro Stück: ca. 17 kcal, 0 g EW, 1 g F, 2 g KH
Zubereitung: ca. 15 Min. + Backzeit ca. 15 Min.

1. Backofen auf 200 °C (Umluft 180 °C) vorheizen. Knoblauch schälen und fein hacken. Mit Mehl, Parmesan und Salz mischen, Öl zugeben und mit den Händen zu Bröseln verarbeiten. Sahne zugeben und rasch zu einem Teig verkneten.

2. Teig zwischen zwei Stücken Frischhaltefolie ausrollen, Folie entfernen und Teig zu rechteckigen kleinen Crackern schneiden. Nach Belieben Teig mit einem Zahnstocher einstechen und mit etwas Salz bestreuen.

3. Salz-Cracker auf ein mit Backpapier belegtes Backblech legen und im vorgeheizten Backofen ca. 13–15 Minuten goldbraun backen. Auf einem Gitter vollständig auskühlen lassen und in ein Transportgefäß mit Deckel füllen.

Performing Arts
Crossfield Drive
Saturday, March 20
whelming respo
Astugi, any fears they
ly allayed. On a damp
Day, hundreds of famil
many shades of green
sang their hearts out and
storm. As the evening wore
in the audience were embold
try their hand or foot at the
with much encouragement
band.
Even though far from home
Astugi base — situated a few
band on
actually is
band from
include lead
engineer
Doyle, gui-
CBS news;
pist, a profes-
Kevin Weed,
music

Hausgemachte

Süßkartoffelchips

Zutaten für 4 Portionen

600 g Süßkartoffeln

einige Zweige Thymian

außerdem:
2 EL Öl, Salz

Pro Portion: ca. 189 kcal, 2 g EW, 7 g F, 30 g KH
Zubereitung: ca. 15 Min. + Backzeit ca. 15 Min.

1. Backofen auf 190 °C (Umluft 170 °C) vorheizen. Süßkartoffeln schälen, waschen und in dünne Scheiben hobeln. Thymian waschen, trocken schütteln und Blättchen abzupfen.

2. Süßkartoffeln mit Öl und Thymian vermischen, auf einem mit Backpapier ausgelegten Backblech verteilen und im vorgeheizten Backofen ca. 15 Minuten knusprig backen. Herausnehmen und salzen.

Die Süßkartoffelchips können Sie – je nach Geschmack – in verschiedenen Varianten zubereiten: So können Sie die Chips z. B. vor dem Backen mit etwas geriebenem würzigem Käse bestreuen, mit Knoblauch- oder Chiliöl bestreichen oder mit Paprikapulver oder Cayennepfeffer bestreuen.

Power-Cookies

Zutaten für ca. 15 Stück

2 reife Bananen

1 EL Erdnussbutter

50 g Rosinen

120 g Haferflocken

2 EL Dinkelmehl

Pro Stück: ca. 70 kcal, 2 g EW, 1 g F, 12 g KH
Zubereitung: ca. 10 Min. + Backzeit ca. 15 Min.

1. Backofen auf 180 °C (Umluft 160 °C) vorheizen. Bananen schälen und mit einer Gabel fein zerdrücken. Mit Erdnussbutter und Rosinen verrühren. Haferflocken und Dinkelmehl mischen und unterarbeiten.

2. Teig löffelweise auf ein mit Backpapier belegtes Backblech setzen und etwas flach drücken. Cookies im vorgeheizten Backofen ca. 15 Minuten backen. Luftdicht verpackt, bleiben sie einige Tage frisch.

Pesto-Schnecken

Zutaten für ca. 10 Stück

1 Pck. Blätterteig (aus dem Kühlregal)

100 g grünes Pesto

100 g geriebener Parmesan

4 EL Butter

Pro Stück: ca. 262 kcal, 6 g EW, 22 g F, 11 g KH

Zubereitung: ca. 10 Min. + Backzeit ca. 15 Min.

1. Backofen auf 200 °C (Umluft 180 °C) vorheizen. Blätterteig auf einer Arbeitsfläche ausrollen. Mit Pesto bestreichen und mit Parmesan bestreuen. Blätterteig von der langen Seite her aufrollen und in ca. 1 Zentimeter dicke Scheiben schneiden.

2. Butter in einem kleinen Topf zerlassen. Blätterteig-Scheiben auf ein mit Backpapier belegtes Backblech legen, mit zerlassener Butter bestreichen und in ca. 15 Minuten im vorgeheizten Backofen goldbraun backen.

Die Pesto-Schnecken schmecken auch lecker, wenn man sie mit rotem Pesto bestreicht. Statt Parmesan können Sie auch geriebenen Gouda verwenden.

Schokoladige

Kokos-Kugeln

Zutaten für ca. 10 Stück

100 g Datteln

100 ml Kokoswasser

2 EL Kakaopulver

7 EL Kokosraspel

Pro Stück: ca. 107 kcal, 1 g EW, 7 g F, 8 g KH
Zubereitung: ca. 20 Min.

1. Datteln entkernen und grob zerkleinern. Zusammen mit Kokoswasser im Mixer zu einer sämigen Paste verarbeiten. Kakaopulver untermischen. 5–6 Esslöffel Kokosraspel nach und nach zufügen und so lange vermengen, bis eine formbare Masse entsteht.

2. Aus der Masse Kugeln formen und in restlichen Kokosraspeln wälzen. In den Kühlschrank stellen, bis sie ausreichend fest geworden sind, und verpacken.

Die Kokos-Kugeln halten sich im Kühlschrank mehrere Tage, sie können also auch gut auf Vorrat gemacht werden.

Avocadocreme

zu Crackern

Zutaten für 2 Portionen

1 reife Avocado

1 Zitrone

1 Limette

½ Zwiebel

außerdem:
Salz, frisch gemahlener Pfeffer

Pro Portion: ca. 226 kcal, 2 g EW, 23 g F, 1 g KH
Zubereitung: ca. 5 Min.

1. Avocado halbieren und entkernen. Fruchtfleisch mit einem Löffel entnehmen und mit einer Gabel fein zerdrücken. Zitrone und Limette halbieren und Saft auspressen.

2. Zwiebel schälen und in feine Würfel schneiden. Avocadomasse mit Zwiebel vermischen und mit Zitronensaft, Limettensaft, Salz und Pfeffer abschmecken. Avocadoaufstrich in ein gut verschließbares Gefäß füllen und bis zum Verzehr kühl stellen.

Genießen Sie die Avocadocreme mit Crackern oder Nachos, als Dip für Gemüsesticks oder als leckeren Brotaufstrich. Wer mag, kann die Creme noch mit gehacktem Koriander verfeinern.

Parmesan-Rosmarin-Popcorn

Zutaten für 4 Portionen

1 Knoblauchzehe

2 Zweige Rosmarin

50 g Popcorn-Mais

25 g geriebener Parmesan

außerdem:
Salz, frisch gemahlener Pfeffer, 5 EL Öl

Pro Portion: ca. 216 kcal, 3 g EW, 19 g F, 8 g KH
Zubereitung: ca. 10 Min.

1. Knoblauch schälen und leicht andrücken. Rosmarin waschen und trocken schütteln. 3 Esslöffel Öl erwärmen, Knoblauch, 1 Rosmarinzweig und Salz und Pfeffer zugeben und verrühren. Vom restlichen Rosmarinzweig Nadeln abzupfen und fein hacken.

2. Restliches Öl in einem großen Topf erhitzen, Maiskörner zugeben und auf dem Boden des Topfes gut verteilen. Deckel auflegen und warten, bis die ersten Körner platzen. Topf regelmäßig schwenken. Nach 2 Minuten vom Herd nehmen und warten, bis die letzten Körner aufgeplatzt sind.

3. Rosmarinzweig und Knoblauchzehe aus dem Öl nehmen und Popcorn gleichmäßig mit dem Öl beträufeln. Mit Salz, Pfeffer, gehackten Rosmarinnadeln und Parmesan bestreuen und gut vermengen.

Knabber-Mandeln

Zutaten für ca. 6 Portionen

1 Zweig Rosmarin

400 g ungeschälte Mandeln

1 Eiweiß

außerdem:
½ TL Cayennepfeffer, 2 TL Salz

Pro Portion: ca. 441 kcal, 20 g EW, 36 g F, 3 g KH
Zubereitung: ca. 10 Min. + Backzeit ca. 25 Min.

1. Rosmarin waschen, trocken schütteln und Nadeln abzupfen. Backofen auf 175 °C (Umluft 155 °C) vorheizen. Mandeln auf ein mit Backpapier belegtes Backblech legen und gut verteilen. Im vorgeheizten Backofen ca. 10 Minuten rösten.

2. Eiweiß schaumig schlagen und Cayennepfeffer, Rosmarinnadeln und Salz unterrühren. Gut mit den Mandeln vermischen und diese wieder auf dem Backblech verteilen. Weitere ca. 10–15 Minuten im Backofen rösten. Abkühlen lassen und genießen.

Schafskäsecreme

Zutaten für ca. 4 Portionen

2 Knoblauchzehen

1 kleine Zwiebel

125 g Feta

200 g Frischkäse

60 g Ajvar

außerdem:
Salz, frisch gemahlener Pfeffer

Pro Portion: ca. 175 kcal, 4 g EW, 16 g F, 3 g KH
Zubereitung: ca. 5 Min.

1. Knoblauch und Zwiebel schälen und grob hacken. Feta in Würfel schneiden.

2. Knoblauch, Zwiebel, Feta, Frischkäse und Ajvar im Mixer je nach Geschmack zu einer feinen oder gröberen Konsistenz verarbeiten. Mit Salz und Pfeffer abschmecken.

Die Schafskäsecreme am besten ca. 1 Stunde kalt stellen und durchziehen lassen, dann schmeckt sie noch besser. Zum Dippen Gemüsesticks wie z. B. Paprika, Salatgurke, Kohlrabi, Möhren oder Sellerie reichen oder die Creme als Brotaufstrich verwenden.

Frischkäse-Dill-Dip

Zutaten für ca. 4 Portionen

2 Knoblauchzehen

½ Bund Dill

250 g Frischkäse

100 g Naturjoghurt

1 Spritzer Zitronensaft

außerdem:
Salz, frisch gemahlener Pfeffer

Pro Portion: ca. 184 kcal, 5 g EW, 16 g F, 5 g KH
Zubereitung: ca. 5 Min. + Kühlzeit ca. 1 Std.

1. Knoblauch schälen und fein hacken. Dill waschen und trocken schütteln. Fähnchen abzupfen und fein hacken.

2. Frischkäse mit Joghurt verrühren, mit Zitronensaft, Salz und Pfeffer abschmecken. Knoblauch und Dill unterrühren und Dip ca. 1 Stunde im Kühlschrank kühl stellen.

Zum Dippen Cracker oder Salzstangen dazureichen. Anstelle von frischem Dill können Sie den Dip auch mit anderen Kräutern wie z. B. Petersilie oder Schnittlauch verfeinern.

Lunch to go

Vollkorndreiecke
mit Gemüse

Zutaten für 1 Portion

½ reife Avocado

2 Scheiben Schwarzbrot

1 Handvoll Rauke

½ Rote Bete (aus dem Glas)

1 EL Frischkäse

außerdem:
Salz, frisch gemahlener Pfeffer

Pro Portion: ca. 514 kcal, 12 g EW, 33 g F, 42 g KH
Zubereitung: ca. 15 Min.

1. Avocado entkernen und Fruchtfleisch mit einem Löffel entnehmen und mit einer Gabel grob zerdrücken. Mit Salz und Pfeffer abschmecken.

2. Rauke putzen, waschen und trocken schütteln. Rote Bete gut abtropfen lassen und in Stifte schneiden.

3. Eine Brotscheibe mit Frischkäse bestreichen und Rote Bete, Avodacomasse und Rauke daraufgeben. Andere Brotscheibe obenauf legen und Sandwich in Dreiecke schneiden. In Alu- oder Frischhaltefolie gewickelt, in einem Transportbehältnis verpacken und bis zum Verzehr kühl stellen.

Möhren-Linsen-Suppe

Zutaten für 4 Portionen

500 g Möhren

20 g Ingwer

1 Frühlingszwiebel

120 g rote Linsen

1 l Gemüsebrühe

außerdem:
1 EL Öl, Salz, gehackte Kräuter nach Belieben

Pro Portion: ca. 159 kcal, 10 g EW, 2 g F, 23 g KH
Zubereitung: ca. 35 Min.

1. Möhren putzen, schälen und in grobe Stücke schneiden. Ingwer schälen und fein hacken. Frühlingszwiebel waschen und fein würfeln. Linsen gut abspülen. Öl in einem Topf erwärmen und Frühlingszwiebel darin ca. 5 Minuten glasig dünsten. Möhren und Ingwer zufügen und unter Rühren ca. 2 Minuten dünsten.

2. Brühe und Linsen zugeben, zugedeckt zum Kochen bringen und bei niedriger Hitze ca. 20 Minuten kochen lassen. Suppe mit dem Stabmixer grob pürieren und mit Salz abschmecken.

3. Suppe zum Transport in einen Thermosbehälter füllen. Nach Geschmack mit gewaschenen, gehackten Kräutern garnieren und mit einigen Scheiben Baguette servieren.

Wassermelonen-Feta-Salat

Zutaten für 4 Portionen

½ kleine Wassermelone

150 g Feta

einige Blätter Kopfsalat

1 Limette

1 Handvoll Blaubeeren

außerdem:
1 Prise Zucker, Salz, frisch gemahlener Pfeffer, 1 EL Öl

Pro Portion: ca. 158 kcal, 7 g EW, 10 g F, 8 g KH
Zubereitung: ca. 15 Min.

1. Wassermelonenhälfte in Scheiben schneiden, das Fruchtfleisch herausschneiden und in mundgerechte Stücke schneiden. Feta würfeln. Salat waschen, trocken schütteln und klein zupfen. Limette halbieren und Saft auspressen. Blaubeeren waschen und trocken tupfen.

2. In 4 verschließbare Gläser jeweils etwas Salat legen, anschließend Melone, Blaubeeren und Feta abwechselnd hineinschichten.

3. Aus Limettensaft, Öl, Salz, Pfeffer und Zucker ein Dressing anrühren, über den Salat geben. Gläser verschließen und kühl stellen.

Teigtaschen
mit Roter Bete

Zutaten für 4 Stück

4 Strudel- oder Filoteigblätter (aus dem Kühlregal)

100 g Couscous

1 TL Ras-el-Hanout

180 g Rote Bete (aus dem Glas)

50 g Feta

außerdem: Salz, frisch gemahlener Pfeffer

Pro Stück: ca. 217 kcal, 8 g EW, 4 g F, 36 g KH
Zubereitung: ca. 25 Min. + Backzeit ca. 15 Min.

1. Teigblätter wenn nötig zu kleineren Rechtecken schneiden. Backofen auf 200 °C (Umluft 180 °C) vorheizen. Couscous in 200 Milliliter kochendem Salzwasser ca. 10 Minuten garen, bis die Flüssigkeit komplett aufgesogen ist. Couscous auflockern und mit Salz und Ras-el-Hanout würzen.

2. Rote Bete abtropfen lassen, in feine Streifen schneiden und mit Couscous und klein geschnittenem Feta vermischen. Mit Salz und Pfeffer abschmecken. Je ein Viertel der Mischung auf je einem der Teigblätter verteilen. Zu Dreiecken zusammenklappen, Ränder mit Wasser bestreichen und andrücken. Auf ein mit Backpapier belegtes Backblech legen.

3. Im vorgeheizten Backofen ca. 10–15 Minuten backen, bis die Teigtaschen goldbraun und knusprig sind. Bis zum Verzehr im Kühlschrank aufbewahren und vor dem Servieren kurz in der Mikrowelle aufwärmen.

Erbsencremesuppe

Zutaten für 2 Portionen

1 Handvoll Basilikum

450 g Erbsen (TK-Produkt)

500 ml Gemüsebrühe

200 g Crème fraîche

außerdem:
Salz, Cayennepfeffer

Pro Portion: ca. 427 kcal, 14 g EW, 32 g F, 15 g KH
Zubereitung: ca. 20 Min.

1. Basilikum waschen, trocken schütteln, Blättchen von den Stängeln zupfen. In einem Topf Erbsen und Gemüsebrühe zum Kochen bringen. Bei mittlerer Hitze ca. 10 Minuten köcheln lassen, ab und zu umrühren.

2. Topf vom Herd nehmen, Basilikum und Crème fraîche zufügen und die Suppe fein pürieren. Mit Salz und Cayennepfeffer abschmecken und in gut verschließbare Einmachgläser füllen. Bis zum Verzehr kühl stellen und zum Servieren aufwärmen. Dazu schmeckt frisches Weißbrot.

— Die Erbsensuppe können Sie auch gut auf Vorrat zubereiten und einfrieren. Achten Sie dabei darauf, dass sie vor dem Abfüllen gut abkühlt, sonst taut sie durch ihre Hitze anderes Gefriergut an.

Mini-Brokkoli-Quiche

Zutaten für 8 Stück

1 Pck. Mürbeteig (aus dem Kühlregal)

350 g Brokkoli

30 g geriebener Käse

150 g Crème fraîche

2 Eier

außerdem:
Salz, frisch gemahlener Pfeffer, Fett für die Förmchen, 8 Tartelette-Förmchen

Pro Stück: ca. 265 kcal, 7 g EW, 19 g F, 16 g KH
Zubereitung: ca. 20 Min. + Backzeit ca. 20 Min.

1. Mürbeteig ausrollen und 8 Kreise in Größe der Tartelette-Förmchen ausstechen. Teig jeweils in die gefetteten Förmchen legen und andrücken. Backofen auf 180 °C (Umluft 160 °C) vorheizen. Brokkoli waschen, putzen, in Röschen teilen und klein schneiden. In kochendem Salzwasser ca. 2 Minuten blanchieren, über einem Sieb abgießen und abtropfen lassen.

2. Brokkoli in die Förmchen legen. Käse mit Crème fraîche, Eiern, Salz und Pfeffer verrühren. Eiermasse über den Brokkoli gießen und Mini-Quiches im vorgeheizten Backofen ca. 15–20 Minuten backen.

Die Mini-Quiches können noch mit weiterem Gemüse wie z. B. klein geschnittenen Zwiebeln oder Tomaten gefüllt werden.

Pasta-Salat
mit Salami

Zutaten für 4 Portionen

200 g Nudeln

100 g dünne Salami-scheiben

200 g Mini-Mozzarella

125 g Cocktailtomaten

40 g grünes Pesto

außerdem:
Salz, frische Kräuter zum Garnieren

Pro Portion: ca. 438 kcal, 23 g EW, 21 g F, 38 g KH
Zubereitung: ca. 20 Min.

1. Nudeln nach Packungsangabe in reichlich Salzwasser bissfest garen, über ein Sieb abgießen und abtropfen lassen. Salamischeiben halbieren und beiseitestellen.

2. Mini-Mozzarella über einem Sieb gut abtropfen lassen und halbieren. Tomaten waschen, trocken tupfen und halbieren. Pesto mit etwas Wasser verrühren, bis es die Konsistenz eines Dressings hat. Jeweils etwas Dressing in gut verschließbare Einmachgläser schichten. Nudeln, Salami, Tomaten und Mozzarella in die Gläser schichten und mit einigen Kräuterblättchen garnieren. Gläser verschließen.

3. Zum Servieren den Pasta-Salat in eine Schüssel oder einen tiefen Teller geben und die Zutaten gut mit dem Dressing mischen.

Spinat-Käse-Sandwich

Zutaten für 4 Portionen

300 g Spinat

150 g Käse in Scheiben

8 Scheiben Toast

außerdem:
Salz, 2 EL Olivenöl, frisch gemahlener Pfeffer

Pro Portion: ca. 323 kcal, 13 g EW, 18 g F, 25 g KH
Zubereitung: ca. 20 Min.

1. Backofengrill vorheizen. Spinat verlesen, waschen, trocken schleudern und in kochendem Salzwasser ca. 2 Minuten blanchieren. Gut abtropfen lassen. Spinat klein schneiden und mit 1 Esslöffel Olivenöl verrühren. Mit Salz und Pfeffer abschmecken.

2. Käse in dünne Scheiben schneiden. Innenseiten der Toasts mit restlichem Öl beträufeln. Spinat und Käse auf jeweils eine Scheibe legen. Andere Hälfte darüberlegen und fest zusammendrücken.

3. Sandwiches unter dem heißen Backofengrill von beiden Seiten jeweils ca. 5 Minuten goldbraun rösten. Alternativ können Sie die Sandwiches auch im Sandwichmaker zubereiten. Auf die Hand mitnehmen oder abkühlen lassen und in Folie gewickelt in einer Lunchbox verpacken.

Quesadillas
mit Paprika und Mais

Zutaten für 2 Portionen

½ rote Paprikaschote

50 g Mais (aus der Dose)

2 große Weizentortillas

50 g geriebener Käse

außerdem:
Salz, frisch gemahlener Pfeffer, Chiliflocken, 1 TL Öl

Pro Portion: ca. 357 kcal, 13 g EW, 15 g F, 41 g KH
Zubereitung: ca. 20 Min.

1. Paprika waschen, putzen und in kleine Würfel schneiden. Mais über ein Sieb abgießen und abtropfen lassen. Öl in einer Pfanne erhitzen und 1 Tortilla darin erhitzen. Mit der Hälfte des geriebenen Käse, Paprikawürfeln und Mais bestreuen. Restlichen Käse daraufgeben und mit Salz, Pfeffer und Chiliflocken würzen. Mit der anderen Tortilla belegen.

2. Sobald der Käse schmilzt, Quesadilla wenden und die andere Seite goldbraun braten. Aus der Pfanne nehmen und in Viertel oder Sechstel schneiden. Verpacken und bis zum Verzehr kühl stellen.

Dazu schmeckt eine Guacamole aus püriertem Avocado-Fruchtfleisch und klein geschnittenen Tomaten, gewürzt mit Salz, Pfeffer und etwas Zitronensaft.

Schnelle Gazpacho

Zutaten für 4 Portionen

3 Scheiben Toast

1 rote Paprikaschote

1 rote Zwiebel

½ Salatgurke

850 ml stückige Tomaten (aus der Dose)

außerdem:
4 EL Olivenöl, 2 EL Rotweinessig, Salz, frisch gemahlener Pfeffer, 1 Prise Zucker

Pro Portion: ca. 249 kcal, 6 g EW, 15 g F, 21 g KH
Zubereitung: ca. 20 Min.

1. Toast entrinden und in etwas Wasser einweichen. Paprika putzen, waschen und fein würfeln. Zwiebel schälen und fein hacken. Gurke waschen, putzen und würfeln. Jeweils etwas von den Paprika-, Zwiebel- und Gurkenwürfeln beiseitestellen.

2. Eingeweichtes Brot ausdrücken. Tomaten mit restlicher Zwiebel, Paprika, Gurke und Brot fein pürieren. Olivenöl und Essig unter das Püree rühren. Mit Salz, Pfeffer und Zucker würzen. Gazpacho in gut verschließbare Einmachgläser füllen und beiseitegestellte Gemüsewürfel in die Suppe geben. Bis zum Verzehr kühl stellen.

Nach Belieben die Gazpacho mit Kräutern wie z. B. Basilikum oder Oregano garniert servieren.

Nudel-Kichererbsen-Salat

Zutaten für 2 Portionen

100 g Kopfsalat

140 g Vollkornnudeln

100 g Kichererbsen (aus der Dose)

100 g Cocktailtomaten

½ Bund Basilikum

außerdem:
Salz, frisch gemahlener Pfeffer, 2 EL Öl, 4 EL Balsamicoessig, 1 Prise Zucker

Pro Portion: ca. 472 kcal, 13 g EW, 16 g F, 62 g KH
Zubereitung: ca. 20 Min.

1. Salat waschen, trocken schütteln und klein zupfen. Nudeln nach Packungsangabe in reichlich kochendem Salzwasser bissfest garen. Über ein Sieb abgießen. Kichererbsen in ein Sieb gießen und abtropfen lassen. Cocktailtomaten waschen und halbieren. Basilikum waschen, trocken schütteln, Blättchen abzupfen und fein hacken.

2. Balsamico mit Öl zu einem Dressing verrühren. Mit Salz, Pfeffer und Zucker abschmecken und gehackten Basilikum unterrühren. Dressing in 2 gut verschließbare Einmachgläser gießen. Darauf Kichererbsen, Nudeln, Salat und Tomaten schichten. Gläser verschließen und kühl stellen.

3. Zum Servieren den Nudel-Kichererbsen-Salat in eine Schüssel oder tiefen Teller geben und die Zutaten gut mit dem Dressing mischen.

Schinken-Käse-Wraps

Zutaten für 2 Portionen

2 große Blätter Eisbergsalat

2 Weizentortillas

2 EL Frischkäse

2 Scheiben Kochschinken

2 Scheiben Käse

Pro Portion: ca. 419 kcal, 17 g EW, 22 g F, 37 g KH
Zubereitung: ca. 5 Min.

1. Salatblätter waschen und trocken schütteln. Jeweils 1 Salatblatt auf 1 Tortilla legen und etwas Frischkäse darauf verstreichen.

2. Schinken darüberlegen, restlichen Frischkäse daraufgeben und mit je einer Käsescheibe belegen.

3. Tortillas zusammenrollen und mit einem scharfen Messer schräg in der Mitte durchschneiden.

Untere Hälfte mit einer Papierserviette umwickeln und mit einem Band fixieren. So lassen sich die Wraps nicht nur dekorativ servieren, sondern auch leichter transportieren und essen.

Caprese
im Glas

Zutaten für 2 Portionen

150 g Mini-Mozzarella

200 g Cocktailtomaten

½ Bund Basilikum

außerdem:
2 EL Olivenöl, 4 EL Balsamico, Salz, frisch gemahlener Pfeffer

Pro Portion: ca. 373 kcal, 15 g EW, 28 g F, 10 g KH
Zubereitung: ca. 10 Min.

1. Mini-Mozzarella über einem Sieb gut abtropfen lassen und halbieren. Tomaten waschen, trocken tupfen und halbieren. Basilikum waschen, trocken schütteln und Blättchen abzupfen. Balsamico, Olivenöl, Salz und Pfeffer zu einem Dressing vermischen.

2. Tomaten und Basilikum mit dem Mozzarella vermischen und Caprese in gut verschließbare Einmachgläser füllen. Dressing darüberträufeln und bis zum Verzehr kühl stellen.

Feierabend-gerichte

Schneller

Lauchkuchen

Zutaten für 4 Portionen

1 Pck. Flammkuchenteig (aus dem Kühlregal)

1 Stange Lauch

1 Zwiebel

150 g Crème fraîche

150 g Schinkenwürfel

außerdem:
Salz, frisch gemahlener Pfeffer

Pro Portion: ca. 341 kcal, 12 g EW, 16 g F, 34 g KH

Zubereitung: ca. 15 Min. + Backzeit ca. 20 Min.

1. Backofen auf 220 °C (Umluft 200 °C) vorheizen. Flammkuchenteig ausrollen. Lauch waschen, putzen, längs halbieren und Lauch in feine Ringe schneiden. Zwiebel schälen, halbieren und in Ringe schneiden.

2. Crème fraîche auf dem Teig verstreichen, dabei einen Rand von ca. 1 Zentimeter aussparen. Teig gleichmäßig mit Lauch, Zwiebel und Schinkenwürfeln bestreuen. Mit Salz und Pfeffer würzen. Im vorgeheizten Backofen ca. 15–20 Minuten backen.

One-Pot-Pasta

mit Pute

Zutaten für 4 Portionen

400 g Putenbrustfilet

250 g stückige Tomaten (aus der Dose)

300 g Farfalle

150 g Sahne

50 g Feta

außerdem:
2 EL Öl, Salz, frisch gemahlener Pfeffer, Basilikumblätter zum Garnieren

Pro Portion: ca. 596 kcal, 36 g EW, 24 g F, 56 g KH
Zubereitung: ca. 25 Min.

1. Putenbrustfilet in mundgerechte Stücke schneiden. Öl erhitzen und Putenbrustfilet anbraten. Mit Salz und Pfeffer würzen. 1 Liter Wasser, Tomaten und Farfalle zugeben und aufkochen. Ca. 15 Minuten köcheln lassen, bis die Nudeln die Flüssigkeit aufgenommen haben.

2. Sahne zugießen. Feta zerbröckeln und ebenfalls zugeben. Gut umrühren und ca. 3 Minuten weiterköcheln lassen. One-Pot-Pasta noch einmal mit Salz und Pfeffer abschmecken und mit Basilikum bestreut servieren.

Cheesesteak-Sandwich

Zutaten für 2 Portionen

200 g Rindersteak

2 Zwiebeln

2 grüne Paprikaschoten

100 g Provolone

2 Baguettebrötchen

außerdem:
Salz, frisch gemahlener Pfeffer,
1 EL Öl

Pro Portion: ca. 596 kcal, 42 g EW, 26 g F, 45 g KH
Zubereitung: ca. 25 Min.

1. Rindersteak in dünne Streifen schneiden. Zwiebeln schälen und in Ringe schneiden. Paprika waschen, putzen und in schmale Streifen schneiden. Provolone in dünne Scheiben schneiden.

2. Öl in einer großen Pfanne erhitzen, Zwiebeln und Paprika darin bräunen lassen. Mit Salz und Pfeffer würzen und auf eine Pfannenseite schieben. Fleisch in die Pfanne geben und von allen Seiten ca. 3–4 Minuten braten, mit Salz und Pfeffer würzen.

3. Baguettebrötchen ein-, aber nicht durchschneiden. Mit Käse belegen und noch heiße Fleisch-Paprika-Mischung daraufgeben. Cheesesteak-Sandwich zuklappen und servieren.

Asia-Nudeln
mit Erdnusssoße

Zutaten für 2 Portionen

200 g Mie-Nudeln

½ Bund Frühlingszwiebeln

100 g geröstete Erdnüsse

2 EL Erdnussbutter

4 EL Sojasoße

außerdem:
1 EL Öl, frisch gemahlener Pfeffer

Pro Portion: ca. 839 kcal, 33 g EW, 39 g F, 85 g KH
Zubereitung: ca. 15 Min.

1. Nudeln nach Packungsangabe zubereiten. Frühlingszwiebeln putzen, waschen und klein schneiden. Hälfte der Erdnüsse im Blitzhacker zerkleinern, mit Erdnussbutter und Sojasoße vermischen. Mit Pfeffer würzen.

2. Öl erhitzen und Nudeln darin kurz anbraten. Restliche Erdnüsse, Frühlingszwiebeln und Erdnuss-Soja-Creme einrühren und kurz erhitzen.

Spinat-Strudel
mit Ricotta

Zutaten für 4 Portionen

500 g Spinat (TK-Produkt)

1 Zwiebel

1 Pck. Strudel- oder Filoteig (aus dem Kühlregal)

250 g Ricotta

1 Ei

außerdem:
1 EL Öl, Salz, frisch gemahlener Pfeffer, frisch geriebener Muskat

Pro Portion: ca. 314 kcal, 14 g EW, 16 g F, 27 g KH
Zubereitung: ca. 20 Min. + Backzeit ca. 30 Min.

1. Backofen auf 200 °C (Umluft 180 °C) vorheizen. Spinat in einem Sieb auftauen lassen und gründlich ausdrücken. Zwiebel schälen und fein hacken.

2. Teig auf einem mit Backpapier belegten Backblech ausrollen. Öl erhitzen, Zwiebel kurz darin anschwitzen. Spinat zugeben und mit andünsten. Mit Salz, Pfeffer und Muskat würzen. Etwas abkühlen lassen, mit Ricotta vermengen und nochmals abschmecken.

3. Spinat-Ricotta-Masse auf dem Teig verteilen und diesen von der langen Seite her aufrollen. Enden gut zusammendrücken. Ei verquirlen und Strudel damit bestreichen. Im vorgeheizten Backofen ca. 30 Minuten backen.

Thunfischsteak-Salat

Zutaten für 2 Portionen

2 Zitronen

2 Thunfischsteaks

2 Möhren

400 g Salatmischung

50 Cashewkerne

außerdem:
Salz, frisch gemahlener Pfeffer, Zucker, 4 EL Öl

Pro Portion: ca. 639 kcal, 42 g EW, 42 g F, 18 g KH
Zubereitung: ca. 25 Min.

1. Zitronen halbieren und Saft ausdrücken. Thunfischsteaks abspülen und trocken tupfen. Mit Hälfte des Zitronensafts einreiben und mit Pfeffer würzen. Möhren putzen, schälen und in feine Stifte schneiden. Restlichen Zitronensaft mit 2 Esslöffeln Öl, Salz, Pfeffer und etwas Zucker zu einem Dressing verrühren.

2. Restliches Öl erhitzen und Thunfischsteaks von jeder Seite ca. 3–4 Minuten braten, aber nicht ganz durchbraten. Das Fleisch sollte innen noch rosig sein.

3. Salat anrichten, Möhrenstifte und Cashewkerne daraufgeben. Thunfisch in Scheiben schneiden, salzen und darauf anrichten. Mit Dressing beträufeln und servieren.

— Als Variation Thunfischsteaks vor dem Anbraten nach Belieben in einer Samenmischung wälzen.

Zartweizen
mit Gemüse

Zutaten für 4 Portionen

1 rote Paprikaschote

1 gelbe Paprikaschote

400 g Brokkoli

1 Zwiebel

300 g Zartweizen (vorgegart)

außerdem:
Salz, frisch gemahlener Pfeffer,
2 EL Öl

Pro Portion: ca. 449 kcal, 17 g EW, 15 g F, 55 g KH
Zubereitung: ca. 30 Min.

1. Paprika waschen, putzen und in feine Ringe oder Streifen schneiden. Brokkoli waschen und in Röschen teilen. Zwiebel schälen, fein hacken und in heißem Öl andünsten. Paprika zufügen und ca. 10 Minuten braten. Salzen und pfeffern.

2. Brokkoli in kochendem Salzwasser ca. 5 Minuten bissfest garen. Zartweizen in kochendem Salzwasser nach Packungsanweisung bissfest kochen und über einem Sieb abgießen, dabei ½ Tasse vom Kochwasser auffangen.

3. Zartweizen mit Brokkoli, Paprikaschoten und Kochwasser mischen, mit Salz und Pfeffer abschmecken.

— Zum Servieren einige frisch gehobelte Parmesanspäne darüberstreuen.

Croque Monsieur

Zutaten für 2 Portionen

4 Scheiben Toast

30 g Butter

100 g geriebener Käse

100 g Kochschinken

Pro Portion: ca. 519 kcal, 23 g EW, 37 g F, 24 g KH
Zubereitung: ca. 5 Min. + Backzeit ca. 10 Min.

1. Backofen auf 200 °C (Umluft: 180 °C) vorheizen. Toast kurz hell antoasten und mit Butter bestreichen. 2 Scheiben Toast mit etwas Käse und Kochschinken belegen, mit jeweils einer Scheibe Toast bedecken und restlichen Käse darüber verteilen.

2. Toast auf ein mit Backpapier belegtes Backblech setzen und ca. 10 Minuten im vorgeheizten Backofen überbacken, bis der Käse goldbraun ist.

Noch schneller geht es im Backofen unter dem Grill. Auf Stufe 3 mit Grillfunktion brauchen die Croque Monsieur nur ca. 5–8 Minuten, bis sie fertig sind. Dazu passt ein frischer Tomatensalat.

Zucchini-Feta-Kuchen

Zutaten für 2 Portionen

350 g Zucchini

2 Zwiebeln

1 Bund Petersilie

200 g Feta

4 Eier

außerdem:
Salz, frisch gemahlener Pfeffer, frisch geriebener Muskat, Fett für die Form

Pro Portion: ca. 478 kcal, 34 g EW, 34 g F, 9 g KH
Zubereitung: ca. 20 Min. + Backzeit ca. 35 Min.

1. Backofen auf 180 °C (Umluft 160 °C) vorheizen. Zucchini waschen, putzen und fein reiben. Zucchiniraspel gut ausdrücken. Zwiebeln schälen und fein hacken. Petersilie waschen und trocken schütteln. Blätter von den Stielen zupfen und grob hacken. Feta zerkrümeln.

2. Eier in einer großen Schüssel mit dem Schneebesen verquirlen. Mit Salz, Pfeffer und Muskat kräftig würzen. Zucchini und Feta unterrühren. Zucchini-Ei-Masse gleichmäßig in einer kleinen gefetteten Auflaufform verteilen. Im vorgeheizten Backofen ca. 30–35 Minuten backen. Herausnehmen und in Stücke schneiden. Warm oder lauwarm servieren.

Süßkartoffel-Curry

Zutaten für 4 Portionen

500 g Süßkartoffeln

200 g Kichererbsen (aus der Dose)

400 g stückige Tomaten (aus der Dose)

3 TL rote Currypaste

400 ml Kokosmilch

außerdem:
Salz, frisch gemahlener Pfeffer, etwas Currypulver, 2 EL Öl, Koriander zum Garnieren

Pro Portion: ca. 424 kcal, 8 g EW, 24 g F, 40 g KH
Zubereitung: ca. 35 Min.

1. Süßkartoffeln schälen und in Würfel schneiden. Kichererbsen in ein Sieb geben und abtropfen lassen. Öl in einem Topf erhitzen, Süßkartoffeln zugeben und unter Rühren einige Minuten anbraten. Tomaten, Kichererbsen und Currypaste zufügen, gut umrühren, weitere ca. 5 Minuten unter Rühren köcheln.

2. Kokosmilch und 100 Milliliter Wasser zugeben, kurz aufkochen lassen, dann bei schwacher Hitze ca. 15 Minuten sanft köcheln lassen, bis die Süßkartoffeln gar sind. Mit Salz, Pfeffer und Kurkuma abschmecken und mit Korianderblättchen garniert servieren.

— Dazu schmeckt ein Klecks saure Sahne oder Crème fraîche und indisches Naan-Brot oder Reis.

Lachsfilet

mit Kräutern und Zitrone

Zutaten für 2 Portionen

400 g Lachsfilet

1 unbehandelte Zitrone

½ Bund gemischte Kräuter

2 EL trockener Weißwein

außerdem:
3 EL Olivenöl, Salz,
frisch gemahlener Pfeffer und einige Pfefferkörner zum Garnieren

Pro Portion: ca. 563 kcal, 40 g EW, 43 g F, 0 g KH
Zubereitung: ca. 10 Min. + Backzeit ca. 15 Min.

1. Backofen auf 190 °C (Umluft: 170 °C) vorheizen. Lachs abspülen und trocken tupfen. Zitrone waschen und halbieren. Eine Hälfte in dünne Scheiben schneiden und Scheiben halbieren, andere Hälfte entsaften.

2. Kräuter waschen und trocken schütteln. Einige Stängel beiseitestellen, restliche Kräuter fein hacken. Auflaufform mit 1 Esslöffel Öl einpinseln. Kräuterstängel in die Form legen, Lachs daraufsetzen und mit 1 Esslöffel Zitronensaft und Weißwein beträufeln. Mit Salz und Pfeffer würzen.

3. Gehackte Kräuter darüberstreuen und restliches Öl darüberträufeln und Zitronenscheiben darauflegen. Ca. 12–15 Minuten im vorgeheizten Backofen garen. Mit Pfefferkörnern garniert servieren. Dazu Reis, Kartoffeln oder Weißbrot servieren.

Hähnchen-Pilz-Pilaf

Zutaten für 2 Portionen

2 Schalotten

200 g braune Champignons

250 g Hähnchenbrustfilet

125 g Reis

500 ml Gemüsebrühe

außerdem: Salz, frisch gemahlener Pfeffer, 2 EL Öl, Kräuter zum Garnieren

Pro Portion: ca. 488 kcal, 37 g EW, 16 g F, 48 g KH
Zubereitung: ca. 40 Min.

1. Schalotten schälen und fein hacken. Champignons putzen und in Scheiben schneiden. Hähnchenbrustfilet in Würfel schneiden. 1 Esslöffel Öl erhitzen und Schalotten andünsten. Pilze zugeben und kurz mitdünsten. Hitze reduzieren, Reis einstreuen und glasig dünsten. Mit 100 Milliliter Brühe ablöschen, dann nach und nach restliche Brühe unter gelegentlichem Rühren zugießen, bis der Reis die Flüssigkeit aufgenommen hat.

2. Hähnchenwürfel oder -streifen in der Zwischenzeit in restlichem Öl von allen Seiten braten, mit Salz und Pfeffer würzen. Unter das fertige Pilaf geben und gut vermengen. Noch einmal abschmecken und mit Kräutern garniert servieren.

Fischstäbchen-Baguette

Zutaten für 2 Portionen

einige Blätter Kopfsalat

2 Baguettebrötchen

4 EL Remoulade

½ Zitrone

10 Fischstäbchen

außerdem:
2 EL Öl

Pro Portion: ca. 794 kcal, 27 g EW, 45 g F, 69 g KH
Zubereitung: ca. 15 Min.

1. Salat waschen, trocken schütteln und klein zupfen. Baguettebrötchen auf-, aber nicht ganz durchschneiden. Untere Hälften mit jeweils 1 Esslöffel Remoulade bestreichen. Salat auf die unteren Brötchenhälften legen. Saft von der Zitrone auspressen.

2. Öl erhitzen und Fischstäbchen nach Packungsangabe anbraten. Jeweils 5 Fischstäbchen in 1 Brötchen legen und mit Zitronensaft beträufeln. Restliche Remoulade auf die Fischstäbchen geben und die oberen Brötchenhälften fest andrücken.

Salbei-Gnocchi
mit grünem Spargel

Zutaten für 2 Portionen

500 g grüner Spargel

3 Stängel Salbei

400 g Gnocchi

30 g geriebener Parmesan

außerdem:
Salz, 2 EL Olivenöl,
frisch gemahlener Pfeffer

Pro Portion: ca. 529 kcal, 18 g EW, 22 g F, 67 g KH
Zubereitung: ca. 25 Min.

1. Vom Spargel holziges Ende abschneiden und unteres Drittel schälen. Spargel in schräge, ca. 3 Zentimeter lange Stücke schneiden. Salbei waschen, trocken schütteln und Blätter abzupfen. Gnocchi nach Packungsanweisung in reichlich Salzwasser gar kochen, über einem Sieb abgießen und gut abtropfen lassen.

2. 1 Esslöffel Olivenöl in einer Pfanne erhitzen und den Spargel ca. 5 Minuten von allen Seiten anbraten. Mit Salz und Pfeffer abschmecken, aus der Pfanne nehmen und beiseitestellen.

3. Gnocchi mit restlichem Olivenöl in die Pfanne geben, kurz anbraten und Salbei zufügen. Spargel wieder mit in die Pfanne geben und alles gut vermischen. Nochmals mit Salz und Pfeffer abschmecken. Auf Tellern anrichten und mit Parmesan bestreut servieren.

Schnelle Desserts

Himbeer-Amarettini-Dessert

Zutaten für 2 Portionen

125 g Quark

50 g Sahne

1 Pck. Vanillezucker

25 g Amarettini

150 g Himbeeren und einige Himbeeren zum Garnieren

außerdem: etwas Mineral-wasser

Pro Portion: ca. 269 kcal, 9 g EW, 16 g F, 21 g KH

Zubereitung: ca. 15 Min.

1. Quark mit Mineralwasser glatt rühren. Sahne mit Vanillezucker steif schlagen und unter den Quark heben. Amarettini in einen Beutel füllen, gut verschließen und zu groben Bröseln verarbeiten.

2. Himbeeren waschen, trocken tupfen und pürieren. Amarettinibrösel in Dessertgläser geben und mit Quark-Sahne-Creme bedecken, eine Schicht pürierte Himbeeren daraufgeben und wieder mit Quark-Sahne-Creme bedecken. Mit gewaschenen, trocken getupften Himbeeren abschließen und servieren.

Blaubeercreme

Zutaten für 2 Portionen

100 g Sahne

200 g Blaubeeren

½ unbehandelte Zitrone

250 g Magerquark

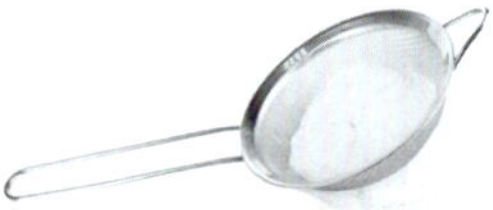

3 EL Puderzucker

Pro Portion: ca. 333 kcal, 17 g EW, 16 g F, 29 g KH
Zubereitung: ca. 15 Min.

1. Sahne steif schlagen. Blaubeeren waschen und trocken tupfen. Für die Garnitur einige Blaubeeren beiseitelegen. Restliche Blaubeeren pürieren. Schale der Zitrone abreiben und Saft auspressen.

2. Quark mit Puderzucker, Zitronenschale und Zitronensaft verrühren. Schichtweise Quark und pürierte Blaubeeren in 2 Dessertgläser schichten und jeweils mit geschlagener Sahne toppen. Mit beiseitegestellten Blaubeeren garniert servieren.

Griechischer Joghurt
mit Honig

Zutaten für 2 Portionen

300 g griechischer Joghurt

50 g Walnüsse

2 EL flüssiger Honig

Pro Portion: ca. 335 kcal, 9 g EW, 31 g F, 16 g KH
Zubereitung: ca. 5 Min.

1. Joghurt gut verrühren und in 2 Dessertgläser füllen. Walnüsse grob hacken und über den Joghurt streuen. Honig darüberträufeln und servieren.

Das Dessert schmeckt auch mit anderen Nüssen wie z. B. Mandeln, Haselnüssen oder Pekannüssen. Der griechische Joghurt kann auch durch normalen Naturjoghurt ersetzt werden.

Chia-Pudding
mit Erdbeeren

Zutaten für 2 Portionen

1 Vanilleschote

500 ml Mandelmilch

2 EL Honig

60 g Chiasamen

300 g Erdbeeren

Pro Portion: ca. 285 kcal, 7 g EW, 13 g F, 25 g KH
Zubereitung: ca. 20 Min. + Ruhezeit ca. 12 Std.

1. Vanilleschote aufschneiden und Mark herauskratzen. Mandelmilch mit Vanillemark und Honig verrühren, bis der Honig sich aufgelöst hat. Chiasamen zugeben und Chia-Pudding im Kühlschrank über Nacht quellen lassen.

2. Erdbeeren waschen, putzen und mit dem Stabmixer pürieren. Chia-Pudding aus dem Kühlschrank holen und gut durchrühren. Je eine Schicht Chia-Pudding und pürierte Erdbeeren in zwei Gläser füllen.

— Nach Belieben mit einigen Fruchtstückchen und frischer, gewaschener Minze garniert servieren.

Kirsch-Eis
mit Crème fraîche

Zutaten für 4 Portionen

200 g Sauerkirschen (TK-Produkt)

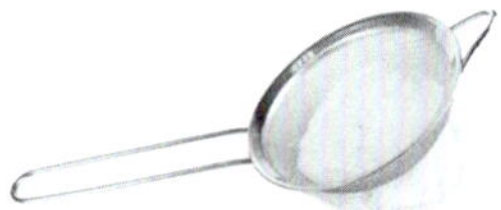

3 EL Puderzucker

250 g Crème fraîche

200 g Naturjoghurt

außerdem:
frische Kirschen zum Garnieren

Pro Portion: ca. 301 kcal, 4 g EW, 21 g F, 20 g KH
Zubereitung: ca. 10 Min. + Kühlzeit ca. 5 Std.

1. Kirschen etwas antauen lassen und fein pürieren. Mit Puderzucker verrühren. Crème fraîche und Joghurt verrühren, Kirschmasse zugeben und gut verrühren, bis die Zutaten sich gut verbunden haben.

2. Kirsch-Masse in ein Kunststoffgefäß füllen und für ca. 4–5 Stunden ins Gefrierfach stellen. Mit einem Eisportionierer Kugeln abstechen und mit Kirschen garniert servieren.

Schnelle

Schokocreme

Zutaten für 4 Portionen

50 g Zartbitterschokolade

100 g Sahne

150 g Mascarpone

150 g Magerquark

1 EL Puderzucker

Pro Portion: ca. 293 kcal, 7 g EW, 24 g F, 11 g KH

Zubereitung: ca. 15 Min.

1. Schokolade grob hacken und über dem warmen Wasserbad schmelzen. Sahne steif schlagen. Mascarpone, Quark und Zucker gründlich verrühren. Schokolade unter die Masse rühren und sofort in Dessertgläsern anrichten.

— Nach Belieben die Creme mit Schokoladenstreuseln bestreuen und mit gehackten Nüssen wie z. B. Mandeln, Pistazien oder Erdnüssen verfeinern.

Cranberry-Haferflocken-Crumble

Zutaten für 6 Portionen

110 g Butter und etwas Butter für die Form

90 g Mehl

200 g brauner Zucker

90 g Haferflocken

300 g Cranberrys

Pro Portion: ca. 363 kcal, 5 g EW, 17 g F, 50 g KH
Zubereitung: ca. 15 Min. + Backzeit ca. 40 Min.

1. Backofen auf 175 °C (Umluft 155 °C) vorheizen. Auflaufform mit etwas Butter einfetten. Mehl, Zucker, Haferflocken und Butter zu Streuseln verarbeiten. Cranberrys verlesen, waschen und trocken tupfen. Einige Cranberrys für die Garnitur beiseitestellen.

2. Hälfte der Streusel gleichmäßig in der Form verteilen. Cranberrys daraufgeben und restliche Streusel darübergeben. Im vorgeheizten Backofen ca. 35–40 Minuten backen, bis die Cranberrys weich sind und die Oberfläche des Crumbles goldbraun ist. Crumble aus dem Ofen nehmen und vollständig abkühlen lassen. Mit beiseitegestellten Cranberrys garniert servieren.

— Der Crumble kann auch in kleinen Auflaufförmchen zubereitet werden. Dazu schmeckt Vanilleeis oder Vanillequark.

Schoko-Bananen

Zutaten für ca. 10 Stück

100 g Zartbitter-schokolade

10 g Kokosöl

5 Bananen

außerdem:
gehackte Nüsse und Zuckerstreusel zum Garnieren, 10 Holzstäbchen

Pro Stück: ca. 130 kcal, 2 g EW, 6 g F, 17 g KH
Zubereitung: ca. 20 Min. + Kühlzeit ca. 45 Min.

1. Schokolade in Stücke brechen und mit dem Kokosöl über dem heißen Wasserbad schmelzen. Bananen schälen und halbieren. In jede Bananenhälfte einen Holzstiel stecken.

2. Bananenhälften einzeln in der Schokomasse drehen und damit überziehen. Vorsichtig herausheben und etwas abtropfen lassen.

3. Schoko-Bananen auf einen mit Backpapier belegten Teller legen und mit Nüssen oder Zuckerstreuseln bestreuen. Im Kühlschrank ca. 45 Minuten kühl stellen.

Zimt-Äpfel

aus dem Ofen

Zutaten für 4 Portionen

4 Äpfel

3 EL Ahornsirup

½ Zitrone

2 TL Zimt und etwas Zimt zum Bestäuben

400 g Naturjoghurt

außerdem:
1 EL Speisestärke

Pro Portion: ca. 199 kcal, 5 g EW, 4 g F, 32 g KH
Zubereitung: ca. 15 Min. + Backzeit ca. 30 Min.

1. Backofen auf 200 °C (Umluft 180 °C) vorheizen. Äpfel schälen, putzen und in Würfel schneiden. Zitrone auspressen. Ahornsirup, Zitronensaft, Speisestärke und Zimt verrühren, zu den Apfelwürfeln geben und gut mischen.

2. Apfelmasse in eine Auflaufform füllen und im vorgeheizten Backofen ca. 25–30 Minuten backen. Zimt-Äpfel auf 4 Dessertschalen verteilen und jeweils mit Joghurt toppen. Mit etwas Zimt bestäubt servieren.

— Statt Joghurt schmeckt auch Vanilleeis oder geschlagene Sahne. Sie können die Zimt-Äpfel auch mit Granola oder mit gehackten Nüssen bestreut servieren.

Milchreis
mit Couscous

Zutaten für 2 Portionen

400 ml Milch

80 g Couscous

2 EL Zucker

½ TL Zimt

Pro Portion: ca. 327 kcal, 12 g EW, 8 g F, 51 g KH
Zubereitung: ca. 20 Min.

1. Milch zum Kochen bringen, Couscous einrühren und ca. 5 Minuten köcheln lassen. Topf vom Herd nehmen und weitere ca. 10–15 Minuten quellen lassen.

2. Zucker mit Zimt mischen. Milchreis in Schälchen füllen und mit Zimtzucker bestreut genießen.

Der Milchreis schmeckt auch, wenn man ihn mit Kardamom, Kakaopulver oder Vanille aromatisiert. Wer möchte, kann auch Perlcouscous für den Milchreis verwenden.

Schoko-Tassenkuchen

Zutaten für 1 Portion

30 g Zartbitterschokolade

30 g Butter

2 EL Zucker

1 Ei

20 g Mehl

Pro Portion: ca. 646 kcal, 11 g EW, 41 g F, 57 g KH
Zubereitung: ca. 10 Min.

1. Schokolade in Stücke brechen. Butter würfeln. In eine große Tasse geben und in der Mikrowelle schmelzen. Anschließend gut verrühren.

2. Zucker unterrühren, Ei zugeben und gründlich unterarbeiten, bis die Masse leicht aufschäumt. Mehl unterrühren. Tasse ca. 50–60 Sekunden in die Mikrowelle stellen und sofort genießen.

— Wer es noch süßer mag, kann auch Vollmilchschokolade oder weiße Schokolade verwenden. Nach Belieben den Tassenkuchen mit Beeren, z. B. Blaubeeren oder Himbeeren, servieren.

Register

Bildnachweis

Rezeptbilder/Adobe Stock: 73 nata_vkusidey, 75 nata_vkusidey;
Rezeptbilder/Shutterstock: 3 deryabinka, 7 Stock-Asso, 13 Siim79, 17 RossHelen, 21 yulya_talerenok, 23 Mariana Medvedeva, 25 Oksana Mizina, 27 Brent Hofacker, 29 JeniFoto, 31 Elena Veselova, 33 zefirchik06, 35 Tatiana Volgutova, 37 Stepanek Photography, 39 Brent Hofacker, 41 zi3000, 43 Elena Veselova, 45 Elena Veselova, 47 Seva_blsv, 49 nadianb, 53 Elena Veselova, 55 Elena M. Tarasova, 57 Edith Frincu, 59 Kati Finell, 61 MShev, 63 MariaKovaleva, 65 MShev, 67 pilipphoto, 69 Brent Hofacker, 71 Zu Kamilov, 79 sarsmis, 81 AnjelikaGr, 83 Elena Veselova, 85 ANNA WITKIEWICZ, 87 5PH, 89 Natasha Breen, 91 Tatiana Vorona, 93 Roxiller13, 95 Edith Frincu, 97 Eduard Nasyrov, 99 Elena Veselova, 101 Karl Allgaeuer, 103 Goskova Tatiana, 107 Ildi Papp, 109 Oksana Mizina, 111 Brent Hofacker, 113 NINALOVESFOOD, 115 Julia Lototskaya, 117 nisimo, 119 M.Munoz-Calero, 121 larik_malasha, 123 MShev, 125 Olga Miltsova, 127 Timolina, 129 Tatiana Volgutova, 131 HandmadePictures, 133 zoryanchik, 137 Anna_Pustynnikova, 139 StockphotoVideo, 141 stockcreations, 143 sarsmis, 145 Olga Pishchulina, 147 Ekaterina Smirnova, 149 Anna Shepulova, 151 NoirChocolate, 153 Anna Mente, 155 NatalieVasilyeva, 157 NatalyaBond; Coverabbildungen: siehe Innenteil

Zutatenbilder/Shutterstock: Abramova Elena, Africa Studio, AlenKadr, Alex Staroseltsev, Alex Streinu, Alexey Poley, Alter-ego, amphaiwan, Andrii Horulko, anitasstudio, Anna Kucherova, Anton Starikov, aperturesound, ariy, Art65395, ArTDi101, bergamont, bigacis, Billion Photos, Binh Thanh Bui, Birgit Reitz-Hofmann, bonchan, Chursina Viktoriia, Da-ga, Dariusz Urbanczyk, Davydenko Yuliia, Diana Taliun, Dionisvera, Eivaisla, Elovich, Ermak Oksana, Evgeny Karandaev, Food Impressions, fotoearl, Foxys Forest Manufacture, Gavran333, geniuscook_com, George3973, GETSARAPORN, Gita Kulinitch Studio, gresei, HandmadePictures, Hong Vo, indigolotos, Irina Fischer, Iurii Kachkovskyi, iwka, JIANG HONGYAN, Jiri Hera, Julee75, Kaam21, Kaiskynet Studio, Khumthong, Kim Reinick, Kirill Aleksandrovich, Kovaleva_Ka, Kritchai7752, Krzysztof Slusarczyk, LorenzoArcobasso, mad4design.com, mama_mia, MaraZe, margouillat photo, Mona Makela, Moving Moment, Mr. SUTTIPON YAKHAM, MRS.Siwaporn, Nataliia K, Nataly Studio, Nattika, New Africa, Nik Merkulov, ninikas, NIPAPORN PANYACHAROEN, Olga Miltsova, Oliver Hoffmann, Olyina V, onair, Peter Zijlstra, PhotoSGH, Picsfive, Preto Perola, Rtstudio, Rudy Balasko, Scisetti Alfio, Sergiy Kuzmin, showcake, simm49, Snowbelle, spline_x, sripfoto, Sylwia Brataniec, Tanya Sid, Tiger Images, Tim UR, timquo, Tobik, topseller, Valentyn Volkov, Valery121283, Viktar Malyshchyts, virtu studio, Vitalina Rybakova, Volosina, xpixel, Y Photo Studio, Yasonya, zcw, zkruger

Impressum

Alle Informationen in diesem Buch wurden mit größter Sorgfalt erarbeitet und geprüft. Weder Herausgeber, Autor noch Verlag können jedoch für Schäden haftbar gemacht werden, die in Zusammenhang mit der Verwendung dieses Buches stehen.

ISBN 978-3-7359-2085-0

Komplettproducing: twinbooks, München
Text und Lektorat: Annerose Sieck, Melanie Goldmann, Eva Hutter für twinbooks, München